MINISTÈRE DE L'ARMEMENT ET DES FABRICATIONS DE GUERRE

BUREAU NATIONAL DES CHARBONS

NOUVELLE RÉGLEMENTATION

DES

TRANSPORTS DE CHARBONS

MINISTÈRE DE L'ARMEMENT

ET DES

FABRICATIONS DE GUERRE

Bureau National des Charbons

RÉPUBLIQUE FRANÇAISE

Paris, le 9 octobre 1917.

CIRCULAIRE

à MM. les Préfets,

MM. les Présidents des Chambres de commerce,

MM. les Présidents de Groupements des Industriels de l'Armement et de l'Intendance et des autres groupements de consommateurs de charbon,

MM. les Ingénieurs en chef des Mines,

MM. les Délégués du Bureau National des Charbons dans les ports.

NOUVELLE RÉGLEMENTATION DES TRANSPORTS DE CHARBONS

J'ai l'honneur de vous adresser ci-joint copie d'une Note n° 3922/4, en date du 1er octobre 1917, par laquelle M. le Ministre des Travaux publics fixe une réglementation nouvelle pour les transports de charbon.

Cette réglementation entrera en vigueur le 20 octobre 1917, et je crois devoir, à cette occasion, appeler votre attention sur les points suivants.

L'ancienne réglementation des transports était caractérisée essentiellement par l'institution de zones à l'intérieur desquelles pouvaient être expédiés, sans autorisation préalable, les charbons d'une origine déterminée, tandis qu'une dérogation était nécessaire pour toute expédition en dehors de ces zones.

A ce régime compliqué, on peut aujourd'hui, grâce à une organisation plus complète des moyens de contrôle du Bureau National des Charbons, substituer un régime plus simple dans lequel il suffit, pour qu'un transport soit autorisé, qu'il ait fait l'objet d'un certificat émanant d'une autorité locale qualifiée à cet effet (1).

---

(1) Les expéditions au départ des embranchements miniers sont exemptées de cette formalité.

*
* *

Une telle transformation ne peut, toutefois, procurer les avantages attendus que si tous les organes chargés de régler la sous-répartition des charbons observent très exactement un certain nombre de prescriptions essentielles que je vous rappelle ci-après :

1° Toute demande d'expédition adressée aux Ingénieurs en chef des Mines ou aux Délégués du Bureau National des Charbons dans les ports doit indiquer le destinataire définitif.

Cette prescription a pour but de mettre un terme aux graves inconvénients que présentent pour la bonne utilisation du matériel roulant les réexpéditions de combustibles à partir d'une gare désignée comme première destination et arbitrairement choisie comme centre de distribution ; par suite, aucune réexpédition (1) ne sera désormais autorisée sauf dans les cas exceptionnels et sous les garanties prévues par la note de M. le Ministre des Travaux publics ;

2° Les envois doivent être proportionnés à la capacité de réception de chaque gare destinataire et aux moyens d'action que possèdent les parties prenantes individuelles pour effectuer le débarquement et le camionnage dans les délais réglementaires.

Il convient de les échelonner en conséquence, et les plans de transport pour chaque mois doivent être dressés à cet égard avec tout le soin désirable.

On pourra faire usage du modèle ci-annexé qui n'est d'ailleurs donné qu'à titre d'indication.

Il appartient à chaque collectivité d'établir son plan de transport et de l'adresser aux représentants du Bureau National des Charbons auprès des mines ou des ports. Ces derniers y apporteront, le cas échéant, les modifications nécessitées par l'établissement du programme d'ensemble des expéditions, et ils en aviseront les collectivités intéressées ;

3° Enfin, sans qu'il soit nécessaire d'insister autrement sur ce dernier point, il y aura lieu de proscrire dans les prévisions de sous-répartition, tout transport irrationnel, inutile ou trop long.

*
* *

Les autorités locales qualifiées pour délivrer les certificats d'expédition sont nettement définies par la note de M. le Ministre des Travaux publics.

Vous remarquerez que les représentants du Bureau National des Charbons —

---

(1) Il s'agit ici de wagons réexpédiés sans avoir été déchargés et non de wagons chargés avec du charbon préalablement mis en stock.

Ingénieurs en chef des Mines et Délégués de ports — ont qualité pour autoriser des expéditions sur une destination quelconque. Il est clair toutefois, qu'ils devront se conformer aux prévisions du plan de répartition qui leur aura été communiqué par le Bureau National des Charbons et qui, au surplus, aura été établi d'accord avec le Ministère des Travaux publics ou aux instructions d'espèce qu'ils recevront.

Par contre, les représentants des groupements de parties prenantes ne peuvent délivrer de certificats que pour des destinations comprises dans la zone d'action de leurs groupements. En fait, si les envois à partir des mines ou des ports ont bien été dirigés ainsi qu'il est recommandé sur les destinataires définitifs, les représentants des groupements n'auront guère à intervenir que pour expédier des secours prélevés sur leurs Stocks Généraux ou d'une usine sur une autre. Les certificats qu'ils délivreront seront donc peu nombreux.

La liste des représentants autorisés des différents groupements fait l'objet d'une annexe jointe à la présente Circulaire.

Je vous adresse, d'autre part, des carnets de certificats en nombre voulu pour vos besoins. Vous voudrez bien demander en temps opportun au Bureau National des Charbons l'envoi des carnets supplémentaires.

*
* *

L'application des nouvelles dispositions doit avoir pour résultat, d'une part, un contrôle plus complet des expéditions, d'autre part, une meilleure utilisation du matériel de transport.

C'est par la coordination des efforts et la bonne volonté de tous que ce double but sera atteint, et il importe qu'il ne soit pas perdu de vue dans les décisions qui seront prises sur les mesures de détail dont la pratique du nouveau régime révèlera la nécessité.

Paris, le 9 octobre 1917.

*Le Ministre de l'Armement
et des Fabrications de guerre,*

LOUCHEUR.

ANNEXE I

<table>
<tr><td>

MINISTÈRE
DES
TRAVAUX PUBLICS

4/4

3.922/4

</td><td>

RÉPUBLIQUE FRANÇAISE

Paris, le 1er octobre 1917.

</td></tr>
</table>

NOTE

POUR LES

Commissions de Réseau, les Chefs d'Exploitation des Ports maritimes, et les Inspections principales de l'Exploitation commerciale des Voies navigables

CONCERNANT LE TRANSPORT DES CHARBONS

(Anthracites, houilles, lignites, agglomérés).

Exposé.

De nouvelles instructions générales ont été élaborées par le Ministère de l'Armement et des Fabrications de Guerre sur la répartition et la distribution des charbons. Elles sont contenues dans l'opuscule ci-joint portant la date du 12 juillet 1917.

A la multitude ancienne des consommateurs sont désormais substituées, en vue d'une première répartition d'ensemble à partir des mines et des ports d'importation, les seules parties prenantes suivantes :

1° Les Préfets représentant les besoins de leur département en ce qui concerne :

a) Le foyer domestique, comprenant également le petit commerce et les besoins des administrations publiques;

b) La petite industrie.

(Les Préfets sont secondés, pour la répartition des charbons qui leur sont attribués, par une Commission ou un Office départemental).

2° Les Unions agréées des usines à gaz et des usines d'électricité;

3° Les chemins de fer;

4° Les vingt groupements régionaux des industriels de l'Armement, représentant, pour les fabrications de guerre, l'ensemble des besoins de la métallurgie, de l'automobile, de l'aéronautique, des poudres, de la marine, des industries chimiques et du génie;

5° L'Intendance et ses groupements départementaux, représentant les besoins :

a) Des armées combattantes et des dépôts ;

b) Du service de santé;

c) Des industriels travaillant pour l'intendance ;

d) Du battage des céréales et du pressage de fourrages.

6° Les Services de navigation ;

7° Les Chambres de commerce, représentant les besoins qui se rapportent au grand commerce et à la grande industrie.

Toutes les expéditions au départ des mines et des ports satisferont désormais à la double condition :

a) D'être étroitement surveillées par les délégués locaux du Bureau National des Charbons ;

b) D'être effectuées suivant un programme de répartition élaboré à l'avance par le Bureau National des Charbons en collaboration avec les services des transports des Ministères de la Guerre et des Travaux publics.

Dans ces conditions, les anciennes prescriptions interdisant d'expédier au départ des mines et des ports en dehors des zones de desserte et d'expédier de port à port ou de mine sur port ont paru devoir être remaniées.

Il y a plus, l'organisation de la répartition et de la distribution des charbons est maintenant établie sur des bases telles que la surveillance des services qui en sont chargés peut s'exercer non seulement par l'intermédiaire des délégués locaux dans les mines et les ports, sur les expéditions au départ de ces points, mais encore par l'intermédiaire des groupements dont il vient d'être question sur les expéditions faites au départ des autres gares dans le but d'assurer la répartition locale.

Il a donc paru opportun de modifier également les anciennes prescriptions relatives à l'interdiction d'expédier, à plus de 50 kilomètres, au départ des gares non houillères.

L'organisation très complète des Services dépendant du Bureau National des Charbons permet, en définitive, de substituer aux anciennes règles (zones de desserte des mines et des ports et interdiction d'expédition au delà de 50 kilomètres au départ des gares non houillères) des règles nouvelles à la fois plus simples et donnant au moins autant de garanties de bonne utilisation des moyens de transport.

Avant d'exposer ces règles nouvelles, il convient toutefois de présenter quelques remarques :

Remarque I. — Il a été reconnu que lorsque l'envoi des charbons n'était pas effectué directement sur les destinataires effectifs, il s'en suivait des immobilisations de matériel regrettables qu'il importe à tout prix d'éviter. Aussi des mesures ont elles été prises, d'accord avec le Bureau National des Charbons, pour que, dans l'avenir, les expéditions au départ des mines et des ports, soient, dans toute la mesure du possible, effectuées sur les destinataires définitifs. Dès lors, s'il n'y a pas en fait, à la première répartition effectuée aux mines et aux ports, d'autres parties prenantes que les sept précitées, l'apparence sera différente au point de vue des transports. Mais il n'y aura là qu'une apparence, favorable en définitive à la bonne exécution des transports, puisque ce sont précisément les groupements qui devront intervenir pour désigner en temps utile aux délégués du Bureau National des Charbons, près des mines et des ports, les destinataires définitifs.

REMARQUE II. — Il a été recommandé par le Bureau National des Charbons à ses délégués et à ses groupements de prendre toutes mesures (telles notamment que l'échelonnement des expéditions à un même destinataire), en vue d'éviter des immobilisations de matériel résultan d'envois effectués au départ des mines et des ports en disproportion avec la capacité de réception des gares destinataires ou de déchargement des destinataires définitifs, ce qui empêche la libération très rapides des wagons. Il leur est de même instamment recommandé d'éviter tout transport irrationnel, inutile ou trop long dans leurs opérations de sous-répartition.

REMARQUE III. — En raison des conséquences regrettables qu'ont entraînées certains abus, malheureusement trop nombreux, l'octroi de la faculté d'autoriser directement des réexpéditions a été retiré aux seuls groupements auxquels elle avait été accordée, à savoir : les Offices départementaux.

Abrogation des règles anciennes.

Ces préliminaires étant posés, sera abrogée à la date ci-dessous indiquée toute la réglementation ancienne sur les transports de charbon, telle qu'elle résulte ;

1° Des notes aux Commissions de réseau :

681 (1) du 11 mars 1916 ;
844 (4) du 28 mars 1916 ;
963 (4) du 18 octobre 1916 ;
1063 (4) du 6 novembre 1916 ;
1099 (4) du 18 novembre 1916 ;
50.031 (4/11) du 6 décembre 1916 ;
1457 (4) du 28 décembre 1916 ;
1574 (4) du 11 janvier 1917 ;
2409 (4) du 23 mars 1917 ;
2937 (4) du 23 avril 1917 ;
3876 (4) du 22 juillet 1917 ;
3890 (4) du 20 août 1917.

2° Des instructions antérieurement données aux Chefs d'Exploitation des Ports maritimes aux Inspecteurs principaux de l'Exploitation commerciale des Voies navigables.

Réglementation nouvelle.

Cette réglementation sera remplacée par les dispositions suivantes qui entreront en vigueur à la date du 20 octobre 1917 et qui concernent le transport des charbons (anthracite, houilles, lignites, agglomérés).

Les cokes et les tourbes restent en dehors de la réglementation.

Les expéditions de charbons seront faites suivant une répartition générale élaborée à l'avance par le Bureau National des Charbons en collaboration avec les services des transports des Ministères de la Guerre et des Travaux publics.

Dans le cadre même de cette répartition, les expéditions seront faites dans les conditions ci-dessous :

A. — Les expéditions au départ des embranchements miniers seront acceptées sans formalités particulières, en raison de la surveillance spéciale et permanente exercée sur elles par les ingénieurs des mines.

B. — Pour toutes les autres expéditions, la déclaration d'expédition devra être accompagnée d'un certificat délivré par :

a) Les services locaux du Bureau National des Charbons au départ :
> des ports d'importation,
> des gares houillères,
> des gares ou embranchements desservant les usines d'agglomérés,
> des ports de navigation intérieure desservant directement des centres houillers ou
> des usines d'agglomérés ;

b) Les mêmes services locaux quelle que soit la destination — ou bien un représentant de l'un des groupements des sept parties prenantes spécifiées au début de la présente note, mais seulement lorsqu'il s'agit de transports ne devant pas sortir de la zone de ce groupement, — pour les expéditions au départ des autres gares ou des ports de navigation intérieure.

C. — En ce qui concerne les expéditions comportant des transbordements, les délégués du Bureau National des Charbons et ceux des groupements indiqueront, dès le point de départ initial, le point d'arrivée définitif qui ne pourra être modifié en cours de route. Les dispositions devant être prises pour que le certificat délivré au point origine suive la marchandise jusqu'à destination, il n'y aura pas lieu à production d'un nouveau certificat au lieu de transbordement.

D. — Les transports par fer ne pourront donner lieu à réexpédition que sur l'autorisation du 4e Bureau.

Toutefois, pour les expéditions intéressant les groupements de la première catégorie (Préfets et Commissions ou Offices départementaux), les réexpéditions pourront être autorisées sans l'intervention du 4e Bureau.

Les demandes des représentants desdits groupements, demandes qui ne devront être formulées qu'exceptionnellement, seront alors adressées :

A la Commission de Réseau pour les réexpéditions au départ des gares des réseaux du Nord et de l'Est ;

Aux gares mêmes de réexpédition pour les autres réseaux.

Les demandes de réexpédition devront indiquer les motifs sur lesquels elles seront basées.

Au commencement de chaque quinzaine, les Commissions de réseau transmettront au 4e Bureau la liste des dérogations ainsi accordées dans la quinzaine précédente rappelant les motifs invoqués.

Le 4e Bureau pourra, par suite, examiner avec le Bureau National des Charbons si ces demandes n'ont pas été entraînées par des fautes commises ou par des errements défectueux dans le système des expéditions. Il pourra faire le nécessaire pour éviter le retour des fautes ou la persistance dans les erreurs systématiques.

E. — Les Commissions de réseau, les Chefs d'exploitation des ports maritimes et les Inspecteurs principaux de l'exploitation des voies navigables devront signaler tous les transports irrationnels et toutes les immobilisations anormales de matériel auxquelles les expéditions de charbon donneraient lieu de telle manière qu'indépendamment de leur action directe près des services locaux ou groupements dépendant du Bureau National des Charbons, toutes mesures puissent être prises d'accord avec ce bureau pour éviter le retour de tels incidents.

F. — Ci-joint les tableaux :

    des unions agréées des usines à gaz et des usines d'électricité,
    des groupements de l'Armement,
    des groupements de l'Intendance.

CLAVEILLE.

ANNEXE II

LISTE

REPRÉSENTANTS AUTORISÉS DES DIVERSES COLLECTIVITÉS

COLLECTIVITÉ N° 1

**Foyers domestiques, besoins administratifs, petit commerce
et petite industrie.**

Les Préfets des départements représentés, le cas échéant, par les Offices départementaux qui ont pour organe d'exécution un Bureau permanent des charbons.

COLLECTIVITÉ N° 2

Usines à gaz et usines d'électricité.

1° Toutes les usines à gaz et électriques rattachées aux usines à gaz sont représentées par l'Union gazière, Office national des Charbons du Syndicat professionnel de l'Industrie du gaz, *177, rue du Faubourg Poissonnière, Paris.*

2° Les usines électriques non rattachées à l'Armement sont représentées par l'Office des Charbons, *23, rue de Vienne, Paris.*

COLLECTIVITÉ N° 3

Chemins de fer.

Chaque Grand Réseau avec les Réseaux secondaires qui lui sont rattachés constitue une collectivité qui est représentée par le Service des Combustibles du Grand Réseau.

COLLECTIVITÉ N° 4

Groupement des Industriels de l'Armement.

1° Adresses des *G. I. A.*
2° Noms de leurs Présidents *(P)*.
3° Noms de leurs Représentants à Paris *(R)*.

Désignation.	Départements.	
I. — Nord.	*Aisne* *Nord*	*G. I. A.* n° 1, TRYSTRAM (Paul), Grande-Synthe (Nord). M. GALMARD *(R)*, 79, rue de Monceau.
II. — Artois.	*Pas-de-Calais* *Somme*	*G. I. A.* n° 2, ACIÉRIES DE FRANCE, 6, rue d'Antin, Paris. M. SCHWOB (Marcel) *(R)*.
III. — Est	*Ardennes* *Aube* *Marne.* *Marne (Haute-).* *Meurthe-et-Moselle.* *Meuse.* *Seine-et-Marne.* *Vosges.*	*G. I. A.* n° 3, ACIÉRIES POMPEY, 31, rue de Mogador Paris. MM. FOULD *(P)* et COLLARD *(R)*.
IV. — Normandie-Rouen	*Oise.* *Seine-Inférieure*	*G. I. A.* n° 4, TRÉFILERIES DU HAVRE, 29, rue de Londres, Paris. MM. ROBARD *(P)* et AUBERT *(R)*.
V. — Normandie-Caen.	*Calvados.* *Eure* *Eure-et-Loir* *Manche.* *Orne*	*G. I. A.* n° 5, ÉLECTRO-MÉTALLURGIE DE DIVES, 25, rue de la Pépinière, Paris. MM. CARDOZO *(P)* et CHEVALEAU *(R)*.
VI. — Région Parisienne.	*Seine.* *Seine-et-Oise.*	*G. I. A.* n° 6, CITROEN, 135, quai de Javel, Paris. M. MANHEIMER *(R)*.
VII. — Bretagne.	*Côtes-du-Nord.* *Finistère.* *Ille-et-Vilaine.* *Loire-Inférieure.* *Morbihan.* *Mayenne.*	*G. I. A.* n° 7, BASSE-LOIRE, 3, rue Taitbout, Paris. MM. BAURET *(P)* et COPENHAGUE *(R)*.
VIII. — Vendée.	*Indre-et-Loire.* *Maine-et-Loire.* *Sarthe* *Sèvres (Deux-).* *Vendée* *Vienne*	*G. I. A.* n° 8, ÉTABLISSEMENTS BESSONNEAU, 29, rue du Louvre, Paris. MM. BESSONNEAU *(P)* et HARANG *(R)*.

Désignation.	Départements.	1° Adresses des *G. I. A.* 2° Noms de leurs Présidents (*P*). 3° Noms de leurs Représentants à Paris (*R*).
IX. — Centre . .	*Cher* . . . . *Corrèze* . . . . . . *Creuse* . . . . . . *Indre* . . . . *Loir-et-Cher* . . . . *Loiret* . . . . *Vienne (Haute-)* . . .	*G. I. A.* n° 9, Société Française Matériel agricole et industriel Vierzon (Cher). M. Ritte.(*P*), 14, rue de Tours, à Vierzon. M. Pinot (*R*), chef du Service commercial, à Vierzon. M. Fleuret (*R*), 200, avenue Général-Michel-Bizot, à Paris.
X. — Nivernais-Auvergne . . .	*Allier* . . . . *Cantal* . . . . *Loire (Haute-)* . . . *Nièvre* . . . . *Puy-de-Dôme* . . . *Yonne*	*G. I. A.* n° 10, Chatillon - Commentry, 19, rue de La Rochefoucauld, Paris. MM. Paraf (*P*) et Bardier (*R*).
XI. — Saône . .	*Côte-d'Or* . . . . . . *Saône-et-Loire* . . .	*G. I. A.* n° 11, Schneider et Cie, 24, boulevard Malesherbes, Paris. M. Petitjean (*R*).
XII. — Jura-Belfort	*Ain* . . . . *Doubs* . . . . *Jura* . . . . *Rhin (Haut-)* . . . *Belfort* . . . . . . *Saône (Haute-)* . . .	*G. I. A.* n° 12, Société Alsacienne de Constructions mécaniques, 4, rue de Vienne, Paris. MM. Dollfus (*P*) et de Malartic (*R*), 19, rue du Rocher.
XIII. — Loire . .	*Loire*	*G. I. A.* n° 13, Aciéries de la Marine et d'Homécourt, 89, rue Taitbout, Paris. MM. Node-Langlois (*P*) et Briot (*R*).
XIV. — Rhône .	*Rhône*	*G. I. A.* n° 14, Aciéries de la Marine et d'Homécourt, 89, rue Taitbout, Paris. MM. Node-Langlois (*P*) et de Soras (*R*).
XV. — Bordelais.	*Charente* . . . . . . *Charente-Inférieure* . *Dordogne* . . . . . *Gironde*	*G. I. A.* n° 15, Dyle et Bacalan, 2, rue Lafayette, Bordeaux. M. Lambert (*P*), Bordeaux. M. de Vergnes (*R*), 15, avenue Malignon, Paris.
XVI. — Béarn . .	*Gers* . . . . *Landes* . . . . . . *Lot-et-Garonne* . . . *Basses-Pyrénées* . . *Hautes-Pyrénées* . . .	*G. I. A.* n° 16, Aciéries de la Marine et d'Homécourt, 89, rue Taitbout, Paris. MM. Node-Langlois (*P*) et de Soras (*R*).
XVII. — Languedoc	*Ariège* . . . . . . *Aude* . . . . *Aveyron* . . . . . . *Haute-Garonne* . . . *Lot* . . . . *Pyrénées-Orientales* . *Tarn* . . . . *Tarn-et-Garonne* . .	*G. I. A.* n° 17, Commentry-Fourchambault, 84, rue de Lille, Paris. MM. Girin (*P*), Egre (*R*), de Mijolla (*R suppléant*). M. Lévêque, Directeur Forges (*R*), à Decazeville. M. Perard (Gérant), Bureau de Toulouse, 75, boulevard Carnot.

<table>
<tr><td>Désignation.</td><td>Départements.</td><td>1° Adresses des G. I. A.
2° Noms de leurs Présidents (P).
3° Noms de leurs Représentants à Paris (R).</td></tr>
<tr><td>XVIII. — Alais</td><td>Ardèche
Gard
Hérault
Lozère</td><td>G. I. A. n° 18, Forges d'Alais, 53, rue de Châteaudun, Paris.
M. Guérin (P), à Alais (Gard).
M. Morterol (R), à Paris.</td></tr>
<tr><td>XIX. — Dauphiné.</td><td>Hautes-Alpes
Drôme
Isère
Savoie
Haute-Savoie</td><td>G. I. A. n° 19, M. R. Node-Langlois, 16, rue Ghaveau-Lagarde, Paris.
MM. Bouchayer (P).
Et Francart (R).</td></tr>
<tr><td>XX. — Provence.</td><td>Alpes-Maritimes
Basses-Alpes
Bouches-du-Rhône
Var
Vaucluse</td><td>G. I. A. n° 20, C° Alais et Camargue, 12, rue Roquépine, Paris.
MM. Marlio (P).
Et Caron Maurice (R).</td></tr>
</table>

Observations. — Pour les établissements de l'État, poudreries, manufactures d'armes, etc., les Directeurs sont qualifiés pour signer les certificats d'expédition.

COLLECTIVITÉ N° 5

Intendance et Groupements des Industriels de l'Intendance.

<table>
<tr><td>Régions.</td><td>Groupements.</td><td></td><td>Présidents.</td></tr>
<tr><td>C. R. P.</td><td>Seine
Seine-et-Oise</td><td>Paris</td><td>M. Colas.
M. Gros, directeur commercial, 3, rue Alphonse-XIII.</td></tr>
<tr><td rowspan="5">Nord</td><td>Nord
Aisne</td><td>Dunkerque</td><td>M. Duménil, à Coudekerque.</td></tr>
<tr><td>Pas-de-Calais</td><td>Boulogne</td><td>M. Brun, administrateur délégué, Biscuits Vendroux, Calais.</td></tr>
<tr><td>Somme</td><td>Amiens</td><td>M. Carmichaïel, industriel, à Ailly-sur-Somme.</td></tr>
<tr><td>Oise</td><td>Beauvais</td><td>M. Communeau, à Beauvais.</td></tr>
<tr><td rowspan="6"> </td><td rowspan="6">Seine-Inférieure</td><td>Rouen</td><td>M. Lafosse, gérant.</td></tr>
<tr><td rowspan="6">3°</td><td rowspan="4">Seine-Inférieure</td><td>Rouen</td><td>M. Lafosse, gérant.</td></tr>
<tr><td>Elbeuf</td><td>M. Fraenckel (Paul), président de la Chambre de commerce, à Elbeuf.</td></tr>
<tr><td>Bolbec
Lillebonne
Le Havre</td><td>M. Lemaitre (G.), à Bolbec.</td></tr>
<tr><td>Calvados</td><td>M. Adeline, filateur, à Lisieux.</td></tr>
<tr><td>Eure</td><td>Louviers</td><td>M. Miquel, fabricant de draps, à Louviers.</td></tr>
</table>

Régions.	Groupements.		Présidents.
	Sarthe	Le Mans	M. Cochin, tanneur, Le Mans.
	Mayenne	Laval	M. Masseron, industriel, à Laval.
4e	*Eure-et-Loir*	Chartres	M. Chenu (Fernand), minotier, à Chartres.
	Orne	Alençon	M. Duhazé, à Flers.
	Loiret	Orléans	M. Ponroy, 9, rue du Colombier, Orléans.
	Seine-et-Marne	Meaux	M. Prevet, 48, rue des Petites-Écuries.
5e	*Yonne*	Auxerre	M. Menant (Maurice), tanneur, à Avallon.
	Loir-et-Cher	Blois	M. Renard, Chocolat Poulain, à Blois.
6e	*Meuse* / *Marne*	Bar-le-Duc	M. Kleinknecht, directeur, Tissage Kullmann, à Bar-le-Duc.
	Doubs / *Ain* / *Jura*	Besançon	M. Japy (Gaston), industriel, à Fesches-le-Chatel (Doubs).
7e	*Haute-Saône*	Vesoul	M. Clerget (C.), industriel, à Vesoul.
	Haut-Rhin (Belfort)	Belfort	M. Boigeol, industriel, à Giromany.
	Côte-d'Or	Chalon	M. Mader, minotier, à Chalon-sur-Saône.
	Saône-et-Loire	Dijon	M. Blandin (Amédée), 34, rue Coléon, à Dijon.
8e	*Cher*	Bourges	M. Mignon (J.), 12, rue Charlet, à Bourges.
	Nièvre	Nevers	M. Bluzat (Émile), 44, rue Félix-Faure, à Nevers.
	Indre-et-Loire	Tours	M. Lenay, minotier, à Loches.
	Indre	Châteauroux	M. Balsan, industriel, à Châteauroux.
9e	*Deux-Sèvres*	Niort	M. Boinot, fabricant de dégras, à Niort.
	Vienne		Pas de Groupement.
	Maine-et-Loire	Angers	M. Richard, 1, place St-Martion, à Angers.
	Ille-et-Vilaine	Rennes	M. Zingelstein, tanneur, à Nantes.
10e	*Côtes-du-Nord*		Pas de Groupement.
	Manche		»
	Loire-Inférieure		
11e	*Morbihan* / *Finistère*	Nantes	M. Merlant, tanneur, à Nantes.
	Vendée	La Roche-sur-Yon	M. Blois, blanchisseur, à la Roche-sur-Yon.
	Haute-Vienne / *Creuse* / *Corrèze*	Limoges	M. Patry, tanneur, à Limoges.
12e	*Charente*	Angoulême	M. Dubouchaud, industriel, à Nérac.
	Dordogne	Périgueux	M. Fourgeaud (Léonce), à Périgueux.
	Puy-de-Dôme / *Allier* / *Cantal* / *Haute-Loire*	Clermont-Ferrand	Pas de Président désigné. M. Humbert (Honoré), 61, rue Bergoria, à Clermont.
13e	*Loire*	Saint-Étienne	M. Forest (Gabriel), à Saint-Étienne.

Régions.	Groupements.	Présidents.
14ᵉ	Rhône. Isère Savoie. } Lyon	M. Gillet, à Lyon.
	Haute-Savoie. Vienne	M. Brenier, président de l'Union des Fabricants, à Vienne (Vienne).
	Drôme. Hautes-Alpes. } Drôme	M. Cara, tanneur, à Romans.
15ᵉ	Bouches-du-Rhône Var. Alpes-Maritimes Basses-Alpes Gard Vaucluse. Ardèche } Marseille	M. Roustan (Émile), 12, rue Cannebière, à Marseille.
16ᵉ	Hérault } Montpellier	M. Delpon, fabricant de draps, à Clermont-l'Hérault.
	Lozère. Montpellier	
	Aveyron Rodez.	M. Aigony (Paul), tanneur, à Millau.
	Pyrénées-Orientales. Aude } Perpignan.	M. Baqué (Paul), chocolatier, à Perpignan.
	Tarn Castres	M. Lecamus (René).
17ᵉ	Haute-Garonne Lot-et-Garonne. Lot Tarn-et-Garonne Gers } Toulouse	M. Badin (Dr Léon).
	Ariège. Levalenet	M. Dumons (Victor), fabricant de draps, à Levalenet.
18ᵉ	Gironde Charente-Inférieure. Basses-Pyrénées. Hautes-Pyrénées } Bordeaux	M. Rodel, à Bordeaux.
	Landes Bayonne	M. Beyrine, lavage de laine, à Osses.
19ᵉ	Aube Troyes	M. Portal, Établissements Mauch, à Troyes.
	Meurthe-et-Moselle. Nancy.	M. Luc, tanneur, à Nancy.
	Vosges. Haute-Marne. } Épinal	M. Juillard, président du Syndicat des cotonniers, à Épinal.
20ᵉ	Alsace. { Vallée de la Thur	M. Gros (Roman), à Wesserling (Alsace).
	{ Vallée de la Doller	M. André (Isidore), à Massevaux (Alsace).

Observation. — Pour les dépôts ou établissements de l'Intendance et du Service de santé, les directeurs ou chefs de service sont qualifiés pour signer les certificats d'expédition.

COLLECTIVITÉ N° 6

A. — Travaux publics (ports maritimes, navigation intérieure et routes militaires).

Groupement I. — Chargé d'approvisionner les services et entreprises en dépendant dans le Nord, le Pas-de-Calais et la Somme. — Contrôlé par M. Voisin, Ingénieur en chef à Boulogne-sur-Mer.

Groupement II. — Chargé d'approvisionner le Havre. — Contrôlé par M. Ducrocq, Ingénieur en chef au Havre.

Groupement III. — Chargé des approvisionnements de Rouen (port maritime) et de la Seine-Inférieure (moins le Havre, Fécamp et la navigation de la Seine). — Contrôlé par M. Cléry, Ingénieur en chef à Rouen.

Groupement IV. — Chargé de l'approvisionnement du Calvados, de la Manche, de l'Orne, de la Mayenne, de la Sarthe et de Maine-et-Loire. — Contrôlé par M. Vasseur, Ingénieur en chef à Caen.

Groupement V. — Chargé de l'approvisionnement de l'Ille-et-Vilaine, des Côtes-du-Nord, du Finistère, du Morbihan. — Contrôlé par M. Corbeaux, Ingénieur en chef à Rennes.

Groupement VI. — Chargé de l'approvisionnement de la Loire-Inférieure, de la Vendée et des Deux-Sèvres. — Contrôlé par M. Kauffmann, Ingénieur en chef à Nantes.

Groupement VII. — Chargé de l'approvisionnement de la Charente-Inférieure, la Gironde, la Dordogne, les Landes et les Basses-Pyrénées. — Contrôlé par M. Clavel, Ingénieur en chef à Bordeaux.

Groupement VIII. — Chargé de l'approvisionnement des services maritimes et routiers des départements limitrophes à la Méditerranée. — Contrôlé par M. Batard-Razelière, Ingénieur en chef à Marseille.

Groupement IX. — Chargé de l'approvisionnement des services de navigation de la Seine, de l'Oise, de la Marne, de l'Yonne, du canal de Saint-Quentin et des services routiers qui seront indiqués ultérieurement. — Contrôlé par M. Vidal, Ingénieur en chef à Paris.

Groupement X. — Chargé de l'approvisionnement des services de navigation ci-après : canal de la Marne à la Saône, de la Marne au Rhin, latéral à l'Aisne, de l'Est, et des services routiers qui seront indiqués ultérieurement. — Contrôlé par M. Sarazin, Ingénieur en chef à Châlons-sur-Marne.

Groupement XI. — Chargé de l'approvisionnement des services de navigation ci-après : canal d'Orléans, du Loing, de Briare, latéral à la Loire, du Nivernais, de Berry, du Centre, Cher canalisé, et des services routiers qui seront indiqués ultérieurement. — Contrôlé par M. Huet, Ingénieur en chef à Nevers.

Groupement XII. — Chargé de l'approvisionnement des services de la navigation ci-après : Rhône, Saône, canal du Rhône au Rhin, et des services routiers qui seront indiqués ultérieurement. — Contrôlé par M. Armand, Ingénieur en chef à Lyon.

Groupement XIII. — Chargé de l'approvisionnement des services de la navigation ci-après : canal du Midi, latéral à la Garonne, navigation de la Garonne, de la Baïse, du Lot et du Tarn, et des services routiers qui seront indiqués ultérieurement. — Contrôlé par M. Ourgant, faisant fonctions d'Ingénieur en chef à Montauban.

B. — Navigation maritime, charbon de soute.

Groupement dirigé par le Sous-Secrétariat d'État des Transports maritimes et de la Marine marchande (M. Bérengier, Chef du Service des Transports maritimes).

COLLECTIVITÉ N° 7

Les Présidents des Chambres de commerce ou des Associations professionnelles agréées.

COLLECTIVITÉ : ....   MOIS de ....

DÉPARTEMENT : ....

ÉTAT DES EXPÉDITIONS à faire par { la Société des Mines de...

{ le port de...

en conformité avec les tonnages attribués par le B. N. C.

NOMS & ADRESSES des DESTINATAIRES (A grouper par Gare ou Port)	GARES ou PORTS destinataires	TONNAGES ET SORTES DE CHAQUE EXPÉDITION								INDICATIONS sur L'ÉCHELONNEMENT des expéditions						TOTAL EXPÉDITIONS	OBSERVATIONS Indiquer, ici, en regard de chaque expédition le tonnage maximum à expédier à la fois et le nombre d'envois qu'il convient de répartir dans le mois. Exemple : Pour une commande de 100 tonnes, 5 expéditions de 20 tonnes.
		G (à gaz)		F (de forge)		V (à vapeur)		A (anthracite)		Du 1er au 5	Du 6 au 10	Du 11 au 15	Du 16 au 20	Du 21 au 25	Du 25 au, au 30 ou 31		
		Ton.	Sorte	Ton.	Sorte	Ton.	Sorte	Ton.	Sorte								
Réserve non attribuée.	Destination à fixer ultérieurement																
TOTAUX																	

IMPRIMERIE CHAIX, RUE BERGÈRE, 20, PARIS. — 12522-10-17. — (Encre Lorilleux).